김영옥 만다라 책 쓰기 프로젝트

달빛 아래 연금술사

MAGMAHEALING
KYO MANDARA

들어가며

즐겁고 재미있게 작업하였습니다. 만다라 작업하는 8일 동안 시간이 어떻게 흘렀는지 모를 정도로 시간이 훌쩍 지나갔습니다. 아침에 눈을 떠서 만다라 작업을 하면 점심시간, 쉬는 시간도 아까워 밥을 먹자마자 책상에 앉아 또 만나라 작업을 합니다. 오후 시간도 후딱 지나갑니다. 나를 만나는 시간은 황금 물결처럼 나를 반짝이게 합니다.

8일간 대장정의 과정을 다시 돌아보면, 이렇게 신나고 즐겁게 〈나〉를 만나는 작업을 할 수 있을까 참 신기하고 놀라운 경험이었습니다. 그 작업의 선장이셨던 김영옥 원장님의 분명한 분석과 따스한 마음이 충분한 힘이 되어 주었고 〈나〉를 찾아가는 경이로운 여정의 길목에서, 장터에서, 운동장에서 함께 만났던 모든 분께 감사드립니다.

나는 언제나 달빛 아래 연금술사입니다.

작업 중의 어느 날 쿵쾅쿵쾅 심장의 소리를 들으며 새벽에 깨어난 적이 있습니다. 그 심장 소리를 들으며 내가 나에게 했던 말이 아직도 귓가에 쟁쟁합니다. 그 누군가에서 듣고 싶었던 그 말을 내가 나에게 크게 외쳐주고 있었습니다.

마음껏 해라. 윤숙아.
마음껏 뛰어라. 윤숙아.
마음껏 살아라. 윤숙아.
어디를 가도 네 세상이다.
내가 너와 함께 있다.

마음껏 살지 못했던 오랜 세월이 있었습니다.
주위의 눈치 보고 자유롭게 하지 못하고 정착된 습관과 규정 속에서 마음껏 하지 못하고 바짝 얼어있었던 내가 오래도록 있었습니다.
산 정상에 올라가면 콧물이 흐르고 땀도 질질 납니다. 그 해맑은 얼굴 그대로 보여주면 인간적일 텐데, 정상 올라가서 정장 갈아입고 반듯하게 나타나려고 했던 못난 내가 있었습니다.
가까운 사람들이 나를 걱정하며 위해서 해주는 말들이 이래라저래라 하는 강요처럼 들려 불편하게 여길 때가 많았습니다.

INTRO

마음껏 못살아 짜증 나고 마음껏 못살아 억울하고 마음껏 못살아 괴롭고 마음껏 못살아 고통스러웠던 날들이 있었습니다.

이 작업을 하면서 내 속에 눌려 있었던 모든 억압과 마주하였습니다. 그리고 억압에서 풀려나오지 못했던 모든 몽이를 환대하고 위로하며 빛 몽이를 탄생시켰습니다. 억압되어서 힘들었던 고통을 위로하고 회복하고 치유하고 성장하면서 통합되는 시간을 경험하였습니다.
이제는 나의 몸과 마음을 아끼고 돌보며 나의 삶을 살아갈 수 있을 것 같습니다.

설렘을 가지고 하루를 시작할 수 있다는 것.
나의 앞길을 막으며 길을 잃게 만들고 주춤거리게 했던 억압을 풀어 헤칩니다.
상처와 아픔의 불구덩이에 빠져나와, 아침이 설레고 기대되고 제자리에서 편안한 만족이 그대로 실현되는 하루를 소중히 여기겠습니다.

그 길을 시작하는 나에게 다시 한번 힘 있게 다독입니다.

'마음껏 너의 삶을 살아라. 윤숙아!'

조 윤 숙

1부. 생(꿈)의 노래

◯ 1일. 정해진 듯하지만 정하지 않는 길
- 천진난만한 웃음
- 한계 없는 편안함
- 언제나 그 길
- 살아있는 소리

◯ 2일. 아는 듯하지만 모르는 길
- 천진난만한 웃음
- 한계 없는 편안함
- 언제나 그 길
- 살아있는 소리

◯ 3일. 모험이었지만 정확한 길
- 지금 열고 지금 드러내고
- 지금 다져 지금 틀 잡고
- 지금 채워 지금 이루고
- 지금 길을 내 지금 달리고

◯ 4일. 발버둥쳤지만 성숙된 길
- 부딪치자 하나 되는 움직임
- 용솟음치자 날아오름
- 바람 불어 날갯짓
- 파도칠 때 부서짐

목차

― 2부. 사(끝)의 축제 ―

○ 5일. 혼란 속에 고온유지
  · 절정이 넘치는 황금물결
  · 절정에 머무는 황금빛
  · 절정에 오른 황금길
  · 절정을 잡는 황금 손

○ 6일. 달빛 아래 황금나무
  · 황금빛과 황금 싹
  · 황무지에 황금가지
  · 황금비와 황금빛 바람
  · 황금빛 태양과 황금 달빛

○ 7일. 거칠지만 아름다운 소통
  · 파도칠 때 무의식이 부서지고
  · 태풍 올 때 무의식이 박차고
  · 번개 칠 때 무의식이 내리치고
  · 지진 날 때 무의식이 뚫리고

○ 8일. 화창한 날 화려한 축제
  · 세상 시름 다 끝나고
  · 다시 사는 나날
  · 두 번 없는 이 시간
  · 마지막 기차

1부
생(꿈)의 노래

Chapter I
정해진 듯하지만 정하지 않는 길

Chapter 1

인생의 길은 정해져 있는 것 같은데, 정하지 않고 가다 보면 그 길은 통합된 길로 가는 길이다. 내일 당장 어떤 일이 일어날지 모르는데 길을 정해 놓으면 그 길은 고정되어 버려 성장한 에너지를 충분히 쓰지 못하게 된다. 그래서 자유롭고 통합된 길을 위해 정해진 듯하지만 정하지 않은 길로 가는 것이다.

| 정해진 듯하지만 정하지 않는 길 |

MAGMASUP

Chapter 1

천진난만한 웃음

집 마당이나 동네 골목에서 친구들과 거칠 것 없이 맘껏 뛰어놀았던 초등학교 시절이 떠올랐다. 그때는 공해도 없던 시절이었으니 열매 따서 참기름 만들고, 소꿉장난하며 스스럼없이 웃고 떠들고 놀았다. 하지만 어릴 적 재미있게 놀았던 기억은 났지만, 그 속에 천진난만한 깔깔깔 웃음소리가 섞여 들리지 않았는데, 이번 만다라 작업을 하면서 가슴 밑까지 자극되어 맑은 웃음소리를 경험하게 된다. 마음의 그늘을 걷어내고 나니 웃음이 하늘 끝까지 울려 펑펑 뚫린다. 그야말로 천진난만한 웃음이다. 가슴 속 깊은 울림이 있어야 맑은소리가 나오고 전달력이 강하다.

천진난만한 것을 볼 수 있고 천진난만한 웃음이 올라와야 감정이 회복된다. 동네방네 세상에 울려 퍼졌던 웃음소리의 긍정적인 모습을 끌어올려 순수 그대로 골드 빛이 발현될 수 있도록 하는 것이 만다라이다.

몽이들이 너무 자연스럽다. 자연스러운 것이 좋다. 너무 맑고 좋다.
몽이들이 너무 좋아 뛰어노는 것 같다.

| 정해진 듯하지만 정하지 않는 길 |

Chapter 1

MAGMASUP

한계 없는 편안함

한계 없는 편안함이라고 하니 너무 편안하다. 이래도 좋고 저래도 괜찮다. 그 안전한 틀이 만다라이다. 한계 없는 편안함이 밑바탕이 될 때 그 공간 안에 있는 사람들을 온전히 지킬 수 있다. 그런 편안한 상태를 완성한다면 편안한 상태에서 편견 없는 넓은 마음으로 사람들을 온전히 바라볼 수 있다. 내가 나의 감정과 생각들을 본연적으로 받아들이고 수용하면 다른 사람들이 어떻게 해도 '이 사람은 이럴 수 있다!', '저 사람은 저럴 수 있다!' 독립적으로 볼 수 있을 것이다. 나에게 불편함을 이야기해도 비난으로 들리지 않고 '저 사람은 단지 불편해서 저렇게 이야기하는 것뿐이다'로 보이듯이 관점이 독립되고 생각이 분리된다. 그러면 진짜 편안해질 것 같다. 공간 안에서 다른 사람들을 지켜주는 것만 해도 내가 편안하면 얼마든지 받아줄 수 있다. 내가 편안하지 않고 감정의 턱에 걸리지 않는다면, 의식적으로 잘해줄까 애쓰지 않고 '저 사람은 지금 이 순간 이렇다'라고 보이는 그대로 바라볼 수 있다. 내가 걸리지 않고 편안하게 담아주는 것이다. 그런 편안이 지속되는 것이 한계 없는 편안함이다.

| 정해진 듯하지만 정하지 않는 길 |

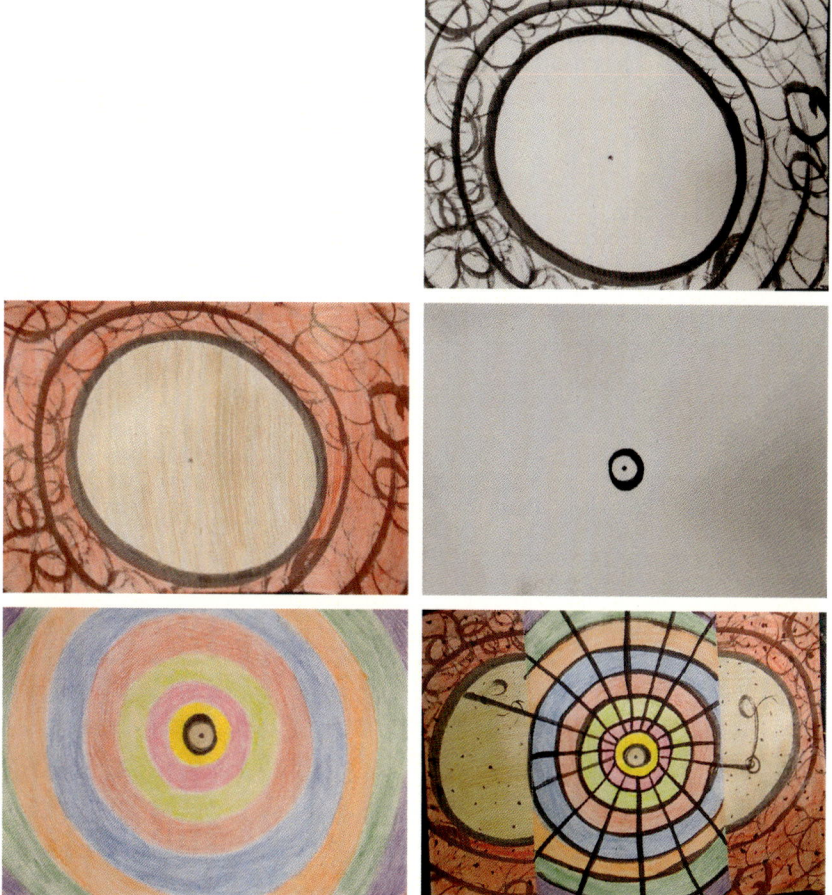

언제나 그 길

그 길은 언제나 내 길이다. 다른 사람의 것과 섞지 않고 자신의 길을 가는 것이다. 남의 길이 좋아 보인다고 억지로 나한테 갖다 붙이면 자기 길이 없어지는 것이다. 오로지 자기 길을 가야 하며 자기 길에서 버릴 것은 없다. 오로지 나만의 길, 누구도 갈 수 없는 통합된 나의 길을 가는 것이다. 내가 어디를 가도 중심이 있으니까 흔들이지 않는다. 언제나 그길!

이렇게 봐도 자기 확대, 저렇게 봐도 자기 집중이다. 언제나 그 길을 내가 자유로워질 수 있는 길이다. 이런 것이 상징이다. 언제나 그길. 그래서 자기 길이다.

아무것도 붙이지 않는 나의 빛깔
퇴색되지 않는 나의 빛깔로 내가 원하는 길로 가고 싶었고 살고 싶었다. 오래도록 나의 길이 아닌 주어진 길을 강요받으며 고난과 핍박 속에서 내가 원하는 길이 아닌 그들이 원하는 길을 가야만 했었다. 나는 나의 길을 가고 싶었다, 몇 년 전 모든 일상의 것을 그대로 둔 채 스페인의 산티아고 길을 걸었었다. '이 길이 내가 원하는 길이었구나, 내가 원하는 삶이었구나'라는 깨달음을 얻는 순간 잘 걷지 못하였지만 뛸 듯이 기뻤고 날아갈 듯이 가벼웠고 자유로웠다. 배낭 하나. 핸드폰 하나 가진 단순한 길에서의 단순한 삶이 그렇게 행복할 수 없었다, 만나는 사람들도 너무나도 단순하고 정겨웠고 40여 일의 길 위에서의 만남이 자유롭고 행복했다. 아 행복이 여기구나, 단순하고 소박한 맛이 이런 맛이구나, 섬섬한 맛이구나. 절절한 깨달음을 얻었다. 그래서 할머니가 되어서 죽을 때까지 산티아고를 걷고 싶다는 생각을 했고 한국에 돌아와서도 산티아고에서의 경험을 생각하거나 그때의 사진을 돌려보는 것만으로도 행복감이 밀려오곤 했다. '아! 사랑이구나, 나의 길을 사랑의 길이구나'. 이제 나한테 덕지덕지 붙은 것들을 말끔히 떼 내고 나의 길을 가겠다는 설레임과 희망이 생긴다. 나는 부족하고 모자란 구석이 많지만, 그 모습도 내 모습이고 그것도 나의 삶이다. 살아온 길이 보람차고 즐거울 때도 있었지만 살아온 길이 막막하고 답답하고 힘들 때도 참 많았다. 괴롭거나 슬퍼서 울고 힘들어서 울었던 날을 뒤로하고 나는 이제 나의 길, 마이 웨이, 사랑의 길을 가련다. 그 누구의 길도 아닌 나의 길을, 우리의 길을, 혼자이면서 또 함께하는 그 길을 가련다.

| 정해진 듯하지만 정하지 않는 길 |

| 달빛 아래 연금술사 | 15

Chapter 1

내가 생이 끝나는 지점까지 변하지 않는 나만의 고유성이 있다. 언제나 거기에 있다. 아무리 일상이 지치고 힘들다 하더라도 내가 클릭하면 변하지 않는 이 길이 있다. 아무리 일상의 시달림이 있더라도 변하지 않는 내 길이 있다.

바다 위로 날아가다 에너지가 떨어지고 지칠 때 쉬어갈 수 있는 섬이 있어야 한다. 그리고 다시 날아야 한다. 끝없이 나는 것보다 섬이 그곳에 있으니까 거기에서 쉬어야 한다. 내가 날다가 쉬기도 하고 사람들도 날다가 지치면 여기에 와서 쉬면 좋겠다. 이런 섬에서 쉬었다 가면 끝없이 날아도 괜찮다. 장소의 공간이기도 하고 마음의 공간이기도 하다. 나는 넉넉한 섬이 되기로 했다.

새들이 한 덩어리로 크게 날면 서로 부딪혀 날지를 못한다. 그래서 흩어져서 날아야 한다. 그래야 다 날 수 있다. 다 앉을 자리가 있다. 그래서 조각이 난다. 이렇게 조각이 난다. 조각이 나면 멀리 가기에도 더 좋고 바위에 쉬어도 더 좋고 따뜻한 빛 위에 앉을 수 있는 새들이 많아진다. 그래서 이 조각이 나야야 된다. 항상 그곳에 가면 쉴 수 있어야 한다. 쉬러 갔는데 복잡하고 엉켜있고 이상한 것이 들어가 있고 이상한 것이 많으면 못 쉬고 피곤해진다. 피곤하면 지쳐서 가게 된다. 그래서 피곤하지 않도록 해야 한다. 그래서 이렇게 물도 끊임없이 있다. 그런데 알록달록 의식이 쉬고 간다. 그런데 의식이 없는 것도 아니다. 합일점이 된다. 누구든지 쉬고 와라. 끝없는 편안함 속에 쉬고 가라

현실에 지친 삶을 살다가 여기에 오는 순간 녹는다. 그곳이 여기이고 이렇게 무한공간이다. 아무리 지쳐도 딱 들어간다. 자기 섬의 그 곳이다. 현실의 공간도 가능하고 무의식의 공간도 가능하다. 현실화시키는 것이다. 여기 오면 아무것도 생각이 나지 않고 쉬는 것 같고 지친 의식이 편안해하고 스스로 풀어내고 힘을 얻는 것이다. 자기 삶이고 이건 너무 좋은 것이다. 이대로 깔끔하다.

MAGMASUP

살아있는 소리

살아있다는 그 자체가 모든 것이다. 살아있다는 것은 소리가 있다.
소리를 내야 한다. 자신의 마음을 못 느끼는 것을 본인이 느끼게 자극을 주는 것이 분석, 통찰이다. 그래서 힘이 딱 들어가는 것이다, 일반적인 수다가 아니다. 움직이는 소리를 해주는 것이다. 그래서 자기가 벌떡 정신이 억압되어 있다가 확 깨는 것이다. 살아있는 것이다. 내가 살아야겠다. 내가 숨 쉬어야겠다. 내가 세상을 똑바로 봐야지, '중심을 잡아야지' 하며 움직이는 소리가 된다. 깔깔거리고 싶었던 웃음소리이다. 그것은 억압하고 가두어 놓아 죽어 있었던 것을 일으켜주고 깨어나게 하는 것이다.

"나는 나의 길을 간다. 나는 그곳에 있다. 언제든지 와라, 와서 쉬었다 가라"
비로소 감동적인 나의 소리를 내었다.
'나는 조윤숙이다, 나는 조윤숙이다. 나는 나의 빛깔로 내 길을 간다. 나는 그곳에 있다'.
'자기가 원하는 삶을 살아라'.
나를 두드리는 내 목소리는 밑에서 끊임없이 올라온다.

엄마의 자궁 같은 무의식의 정서적인 깊은 부분은 흐트러지지 않는다. 순수성. 매일 새로움이다. 은밀한 깊은 곳에 성스러운 영역이 있는 것이다. 그래서 삶이 감동이 되는 것이다. 열면 열수록 처음 경험하는 것이다. 이러다 보니 진짜 몽이가 나온다.
엄마 몽이가 나온다.
이것만 해도 꿈이 자라고 잉태가 될 수 있다.
나를 닮기도 했고 큰아들, 작은아들 같다. 남편 같다.
무의식 자연 공간적인 수려함이다. 아무도 침범하지 않고 다치지 않는 성스러운 곳이다.
자기만이 지킬 수 있고 나만이 쉴 수 있는 성스러운 영역이다.

생명이 잉태되고 우리 아이들이 자랐던 정말 성스러운 영역에 있는 나. 우리 아이들. 누구든지 와서 쉴 수 있는 나의 영역이다. 새롭게 태어나고 새롭게 회복되는 순간이다. 너무 기쁘다. 나의 여성성이 회복되는 시간이다.

| 정해진 듯하지만 정하지 않는 길 |

누구나 같은 길을 걸어가면 내가 잘 걸어가니 네가 잘 걸어가니, 내가 잘났니 네가 잘났니 하면서 등수를 매기고 철저한 경쟁의 구도 속에 살아가야 하지만, 군더더기 다 빼고 나의 빛깔로 나의 길을 따라 살아간다면 비교를 하면서 살 필요가 없어진다.
누구도 갈 수 없는 나의 길이고 누구도 갈 수 없는 그들의 길이다. 뱃속에서 올라오는 천진난만한 웃음소리로 아무도 걸어가지 않는 나의 길을 간다면 누구도 할 수 없는 쉼의 길로 간다면 나는 그 길을 차분히 걸어갈 수 있을 것이다. 확장된 나만의 길, 그 누구의 길도 아닌 나의 길을 걸어가겠다.

정말 들리지 않겠다.
오랫동안 나를 휘어 감고 힘들게 했던 고단함이 있었다.
더 잘해야 사랑받을 수 있고, 더 열심히 해야 인정받을 수 있을 것 같은 결핍감이 있었다. 만다라 작업을 통해 그 힘들었던 세월의 굴곡을 지날 수 있었다.
이제 내가 여자이고 내 자궁을 찾아서 정말 나답게 창조의 기쁨을 살아가는 기쁜 나.
기쁨과 설레임과 행복을 찾아가는 나를 찾을 수 있었다.

내 안에 건드리지 않았던 곳이 있었는데 빛이 들어가면서 정지되어 있다가 한 덩어리가 일어났다. 움직이기 시작하였다. 특공대원 같은 애들이 움직이면 못할 것이 없을 것 같다.
보석 같은 자원이 100% 일어나는 것이다. 이 애들을 움직여버리면 못할 것이 없다. 엄청 정신력이 올라오고 핵심 덩어리 핵이다. 기쁜 곳 현실로 끌어오는데 무겁지가 않고 가볍다. 정지되어 있는 곳에 가서 깨우는 것이다.
살아있는 소리. 응애 하며 우는 소리. 젖 빠는 소리, 으르는 소리. 까르르 웃는 소리, 까꿍 하는 소리 다 움직일 수 있다. 잠자고 있던 곳에. 주인이 안 찾으면 깨울 수가 없다. 깨우지 않고 고요했던 곳에 주인이 찾지 않으면 태아가 간다. 빛을 넣어줄 수 있을 때까지 기다린다.
영화의 특공대원 같다. 여성성, 남성성 다 움직이고 특수요원부대 같다. 자궁 안에 있었네. 잠자고 있었던 것을 깨우는 거네. 특공대원들이 움직이고 날아든다.
새가 날아든다. 온갖 새들이 날아든다. 폐허였는데 황금밭으로 바뀌었다.

폐허였던 자궁 안에 빛을 넣어 숨죽어 있던 에너지가 날아가는 것 같은 대단한 작업이다.

| 정해진 듯하지만 정하지 않는 길 |

Chapter 1

천진난만한 웃음이 사라졌었던 때의 무의식 층에 가서 천진난만한 웃음을 찾아주기 위해 그림자에 눌러있는 그 웃음을 빛을 놓고 깨우기 시작하면서 울림이 일어났다. 그림자 배경을 걷고 천진난만한 웃음소리가 현재까지 살아온 배경의 울림을 성장시키는 소리. 닫혀있었던 성스러운 소리를 깨어 움직여서 과거의 감정이 들어가서 하나의 감정이 들어가서 움직이는 큰 소리. 일맥상통한다.

히말라야 산을 비상하는 것 같다. 제일 꼭대기에 올라가서 비상하는 것 같다.

히말라야 산을 칠하다 보니 든 생각!
나의 길은 따뜻하고 천진난만하고 평화로운 길이었으면 좋겠다. 그래서 하늘색, 분홍색, 노란색을 사용하였다.

조심하다보니 정상에도 너무 깔끔하다. 잘못하면 어떻게 하나 하는 것이 있다. 완전 자유로운 곳에서 비상이 아니다. 너무 잘하려고 하고 실수하려고 하지 않는 부분이 있다.
산 정상에서 날아 가버리면 되는데 날아 가보라 하니까 조심해야 하는 긴장감이 있다. 자유롭게 탄력 있게 안 날아본 새것이 있다. 정상에서 그냥 날면 되는데 굳이 잘 날려고 하지 않아도 된다. 이 축제를 즐겨야 하는데 정상이라고 해서 너무 곧두서 있는 것이다. 자기 정상인데 남이 볼 것 같다. 아닌데 그것이 긴장이 되어 있는 것이다. 이 정상의 빛을 충분히 접수를 못 한다. 정상에서 무너져도 되고 지저분해도 된다. 정상은 무공해니까 있는 그대로 해도 좋다. 그대로 다 즐겨도 된다.
한계 없는 편안함, 그 길에서도 편안하고 천진난만하고 살아있는 소리를 내야 한다. 편한 길은 잘 걸어가는데, 편하지 않는 길은 긴장하게 된다.
그것이 풀어지면 걸림이 없는 삶이다. 달빛 아래와 햇빛 아래를 다 갈 수 있다.

자기 작업은 자유롭게 정상을 맛보는 행복이 있다. 이것을 현실하고 약간 갭이 있기 때문에 이것을 풀어줘도 되나 막아버린다. 믿으면 된다. 어디든지 갈 수 있다. 정상이다.
밤하늘의 빛이다.

1부
생(꿈)의 노래

Chapter II
아는 듯하지만 모르는 길

MAGMASUP

오늘을 여는 만족

오늘도 새로운 길을 가는 데 있어서 설레고 기대되고 그렇지만 어떤 모습들을 만날까 두렵고 난감한 내가 있다. 그래도 가보는 거다.

새로운 것을 시작할 때는 어떤 길이 펼쳐질까 하는 설레임과 기대도 있지만 가보지 않았고 모르는 길이니 불안하고 두려운 마음도 있다. 만다라 작업을 하면서 설레임과 기대, 긍정의 표현이 더 많아졌다. 설렘이 주는 긍정적인 에너지도 있지만 약간의 불안, 두려움조차도 내가 내 인생의 길을 가는데 도전의 대상으로 다가온다. 내게 도전은 창조를 낳는 과정이다. 내 정신을 자극하는 긍정 호르몬이 있기 때문에 안심해도 된다. 한 차원 높은 곳에 올라가는 기쁨도 기대되지만, 도전에서의 불안은 기본적인 요소인 것이다. 아는 듯 하지만 모르는 길이라도 괜찮다. 기존의 것은 틀이 깨어지고 바뀌며 계속 변화가 일어나는 것이다. 만다라로 하나하나 구축해 가는 것이 삶이다.

미래까지 다 알아야 한다고 생각하면 실은 답이 없고 끝이 없다. 내가 당장 오늘을 마감해야 오늘이 존재하는 것이다. 생명은 이어져 나가기 때문에 오늘을 열게 되면 다음 날을 한 발 한 발 출발할 수 있는 거다. 오늘을 열고 거기에 집중하여 연금술사처럼 무의식을 캐내다 보면 황금이 발굴되기도 하고 또 그것이 폭탄처럼 일어나 빛을 발하기도 한다. 그 빛을 찾기 위한 수만 가지 자신의 노력이 더해지고 건드려져야만 폭발적인 빛이 품어져 나오는 것이다. 하잘 것없는 금속에서 황금을 만들어내는 자기만의 연금술이다.

여러 가지 방법으로 만다라를 만날 수 있다. 첫날에 나는 그렇게 깊지 않아도 우주의 높은 곳까지 올라간 군더더기 없는 금빛을 보았다. 자기만의 방법으로 자기만의 길을 건드려 가면서 자신 안의 무의식의 빛을 찾아낼 수 있다. 어떠한 경우에도 그 빛을 찾아낼 수 있는 자기의 중심이 세워지는 것이다. 오로지 본인의 것이다. 자기 정신의 길을 보고 발굴하고 캐내고 폭발적인 빛도 맛보는 것이 자신의 것이라는 것이다. 자기 내적 자원을 가지고 살아온 어느 누구라도 캐고 다듬는 작업을 이어간다면 오늘의 폭발적인 자기를 느낄 수 있다.

| 아는 듯하지만 모르는 길 |

| 달빛 아래 연금술사 | 27

지구 위에는 사람들이 많이 살지만, 지구 속에도 길이 그렇게 있다. 그 안의 빛은 찾는 것이 연금술사이다. 자기가 빛깔을 넣는 것이다. 지구 안의 길을 다 뚫는다. 자기 자신 안에서 해결 능력이 생기는 것이다. 사람의 무의식을 다룰 수 있다. 지구의 길을 다루어 봤기 때문에 사람의 의식이 활동하는 것을 분석할 수 있다. 통합적으로 만다라를 만들어줄 수 있다. 여기까지 와서 길을 내보고 빛을 내보고 만들어보고 제조해본 모든 것이 내 안에 고스란히 있다. 내가 편안하게 있으면 무의식의 길을 보면서 짚어내는 통찰이 생긴다.

히말라야 정상에 올라가서 긴장하고 있는 내가 있다.
원장님이 무의식과 의식이 통합되고 빛을 보면 현실에서 어떻게 해야겠다고 하지 않아도 그냥 된다고 하였다. 몸이 살아있고 불편한 것을 제거해본 사람은 딱 보면 불편한 것을 보면 알기 때문에 불편한 것을 커버해주는 것을 자연스럽게 할 수 있으니 어떻게 해야겠다는 부담감을 내려놓으라고 하였다.

무엇을 해야지 잘해야지 안달하지 않아도 된다고 생각하니 마음이 편안해졌다. 살아온 내 삶이 실수해도 괜찮고 긴장해도 괜찮고 잘못해도 괜찮다고 받아들인다. 돌아오고 후회할 필요가 없다. 편안해지면 여유로 볼 수 있다. 편안함을 끝없이 풀어낼 수 있고 끝없이 나아갈 수 있는 무의식의 안전한 도구가 있다. 히말라야 산에서 긴장하고 있는 부분을 안전하게 만들었다.

| 아는 듯하지만 모르는 길 |

| 달빛 아래 연금술사 |

MAGMASUP

제자리에서 만족

현실에서 의식과 무의식이 통합된 자리에서 제자리에서 만족하고 사는 것이다. 나의 어떤 모습이 나와도 맞아들이고 만족하는 것이다.

내 살아온 발자국에 내가 있었고 나의 꿈인 몽이가 있었다.
행복했던 날들도 많았지만, 불만족스럽고 완성이 되지 않고 힘들었던 때도 많았다.
슬펐던 날들, 기뻤던 날들, 행복했던 날들!
지금 되돌아보면 그 삶들도 다 나에게 중요했고 다 만족스러운 삶이었다.
다 좋았었다.
만족한다 내 삶을.
지금도 너무 만족하고 가슴 뛰게 좋다. .
그 기쁨을 누리는 것.
내가 내 삶을 창조하는 것이다.

제자리에서의 만족이 나의 이 모습 저 모습 다 만족하는 것.
예쁘고 잘난 모습, 실수하지 않는 모습만 진짜 멋진 내 모습이고 실수하고, 화내고, 잘못하는 모습은 남들에게 보이면 안 되는 나의 가짜 모습인 게 아니다. 이 모든 모습으로 사람들이랑 관계하고 소통하며, 잘나고 못난 것이 다 나의 모습이라는 것을 환대하고 받아들이는 것이다. 어떤 모습이든 다 나의 모습이고 다 나와 함께하는 것들이라고 받아들이는 것! 그것이 제자리의 만족이다.

못난 모습을 들키기 싫어 이리저리 나 자신을 억누르는 억압이 있었다.
이 작업은 삐질삐질 새어 나와 힘들게 했던 마음 밑바닥의 에너지까지 빡빡 긁어서 황금의 솥에 넣어 황금을 만드는 연금술사의 작업!.
내 밑의 무궁무진한 가마솥을 발견하는 것이다.
진짜 내가 원하던 자유와 평화가 충만한 나의 길을 가는 그 기쁨.

| 아는 듯하지만 모르는 길 |

아는 듯 하지만 모르는 길. 아는 길만 가면 얼마나 재미가 없을까?
가다가 새로운 골목길도 만나고 산티아고 길도 만나고 스웨덴의 골목들도 만나 탄성을 지른다. 모두 내 속에서 쏟아져 나오는 그런 기쁨들이 충만하고 생동감 넘치는 정말 아름다운 그 길을 만나는 과정이 사랑스럽고 멋지다.
뭉클하고 에너지 솟고 가슴 뛰고 내 정말 에너지와 열정을 마음껏 다 낼 수 있다.
나의 자원이다.
어떤 모습이든 기쁘게 맞이한다.

내가 열 수 있는 만다라에서
내가 바쁘게 일하더라도 내 자리를 깔고 내 자리에서 만족한다.

MAGMASUP

Chapter 2

그대로 만족

몽이들이 마음껏 뛰어놀 수 있는 안전한 공간을 마련해준다.
지반이 약해서 쿵쿵 뛰면 무너질까 봐 이것을 튼튼하게 해야 한다.
마음껏 뛰어도 땅이 꺼지지 않는 튼튼한 땅을 만들었다.
마음껏 뛰어 놀아도 견디고 보호해 줄 수 있는 땅을 만들었다.
한껏 에너지를 펼쳐도 되고 마음껏 활동해도 되고 못난 몽이들도 그냥 나오도록 하는 지반!

하늘이 무너지고 땅이 꺼지지 않는다.
무의식의 땅은 아무리 뛰어도 괜찮고
하늘도 나를 튼튼하게 받쳐주고
나는 그 속에서 자유롭게 하늘과 땅과 우주적인 공간에서 자유롭게 살 수 있다.
이것이 그대로 만족이다.
그대로 뛰어 놀고 하고 싶은 대로 하고 소리 지르고 놀고 마음껏 살고 억압 다 풀어진다.
너무 좋다.
그대로 만족이다.

| 아는 듯하지만 모르는 길 |

MAGMASUP

무의식만의 만족

무의식만이 자기를 만족시킨다. 의식은 기준점이 있어서 습관을 따라가거나 억압할 수 있다.
무의식만이 만족이 '무' 글자가 '금'으로 보인다. '숲'대로 만족이다.
무의식만이 자신의 의식을 낱낱이 전부 만족시킬 수 있다.
무의식은 자기가 알 수 없는 것이다.
그런데 작업 하다 보면 알아진다.
아는 듯 하지만 모르고, 모르는 듯 하지만 아는 것이다.
자기를 열고 수용하느냐에 따라 더 많이 알고 더 깊이 알고 더 넓어지게 된다.
의식적으로 한계점을 정하고 여는 것과 정하지 않고 여는 것은 삶의 질이 다르다.
삶의 질이라는 게 내가 범위를 정해놓으면 자기가 열어서 거기에 맞춰서 살아야 하니까, 또한 높은 자유로운 정신을 쓰는 것이 아니기 때문에 자기로서의 삶을 제대로 살 수 없는 것이다. 자기를 풀어서 답을 얻어야 행복한 세상을 살 수 있다.
답답한 것을 풀어야 창조되는 삶이 있다.
풀어내어야 무한공간을 지배할 수 있는 큰 사람이 된다.

하늘이 무너질까 봐 땅이 꺼질까 봐 마음껏 뛰지도 못하고 눈치 보고 주눅 들었던 마음들. 조마조마하게 남들 눈치 보며 상황에 맞추고 다른 사람들 욕구에 맞춰 살아왔다.
다른 사람이 나에게 뭐라 하지도 않는데 내가 미리 조심을 했다.

| 아는 듯하지만 모르는 길 |

| 달빛 아래 연금술사 | 35

이제는 내가 살고 싶은 대로 살아도 괜찮다.
무의식의 길을 마음껏 열어서 네가 원하는 삶을 살아도 된다.
사람들이 나를 외면하고 떠나더라도 내가 나를 떠나지 않으면 된다.
내 마음 내가 알아주고 내 마음을 살펴보자.

힌디어에는 영어에 없는 중요한 단어가 있다고 한다.
그것은 '속마음을 아는 사람' 즉, 우리의 마음을 구석구석 알고 있는 그대로 우리를 받아주는 사람을 뜻하는 '안타라야메' 라는 단어이다.
내가 내 마음을 구석구석 알아주고 살면 된다.
내가 하고 싶은 대로 마음껏 뛰어도 되고 흙 묻혀도 되고 네가 원하는 대로 살아도 된다.
다른 사람, 네 눈치 안보고 마음껏 해도 된다.
내 무의식의 길을 마음껏 열었으니까 이제 내가 하고 싶은 대로 하면서 살자.
금빛 나는 세상에 금빛을 품고 나누고 금으로 된 세상에서 황금빛 금을 가지고 이 세상에 마음껏 펼치면서 빛을 밝히자.

| 아는 듯하지만 모르는 길 |

1부
생(꿈)의 노래

Chapter III
모험이었지만 정확한 길

지금 열고 지금 드러내고

모험이었지만 정확한 길.
모든 무의식은 모험이다.
정확한 길이 만다라이다.
길을 갈 때 서두르면 엉킬 수 있으니 한 번씩 멈춰 서야 한다.
멈춰서 전체를 보고 숨 몰아쉬고 다시 시작한다.

살면서 강하고 거친 성격이 많이 드러났지만 여리고 순수한 속살은 정작 드러내지 못하고 살아왔다.
여리고 순수한 속살을 드러내면 다칠 것 같아서 꽁꽁 싸매고 보호하였다.
나의 모습을 모두 드러내지 않은 채 다른 사람들이 나를 온전히 이해하지 못한다고 생각했다. 내 속에는 황금빛의 마음도 있고 은빛의 마음도 있고 태양과 같은 정열이 있는데 나의 일부만 보여주면서 세상은 나를 이해하지 못한다고, 사람들은 나를 이해하지 못한다고 야속해 했다. 이제는 여리고 부드러운 속살을 열고 드러내도 된다.
좋은 말 좋은 마음들을 표현해도 된다.
내가 남편을 얼마나 사랑하고 작은오빠를 얼마나 고마워하고 든든해 하는지, 우리 아들들을 얼마나 자랑스러워하고 사랑하는지에 대해서 마음껏 이야기해도 된다.

이제는 괜찮다.
복잡한 마음을 드러내도 괜찮고,
여리디여린 마음을 드러내도 괜찮고,
어떤 마음이라도 드러내도 괜찮다.
어떤 모습이든지 열고 드러내도 된다.
수치심, 슬펐던 마음들, 슬픔과 고통과 불안을 억압하면서 누구에게 기대지 못하고 지지받지 못했던 그 마음들, 속살을 드러내지도 못한 마음들을 위로한다.
환대한다.
마음껏 드러내도 된다.
마음껏 해도 된다.
어떤 모습이든 너의 모습이니까 괜찮다.

폭풍우가 몰아치는 밤.
지금 열고 지금 드러내고 폭풍우가 몰아치는 밤.
내 마음속 폭풍우를 열고 드러내고 자유로워진다.

모험이었지만 정확한 길

달빛 아래 연금술사

MAGMASUP

지금 다져 지금 틀 잡고

드러낸 속살을 위로하고 그것을 드러낸 나를 따뜻하게 돌보았다.
지금까지 고생했다고, 이제는 괜찮다고 진하게 나를 위로하고 싶다.
전쟁이 언제 끝날까 평화가 언제 올까 기다리는 것이 아니라 튼튼한 내 집 내 마당 평화로운 세상에서 뛰놀고 즐긴다.
오늘 어디에서 폭탄이 떨어지지?
어디서 폭풍우가 몰아치는 것은 아닐까?
언제 전쟁이 끝날까? 노심초사하는 것이 아니라,
오늘은 어떤 재미있는 일이 벌어질까?
어떤 사람이 와서 행복하게 놀까?
기다리며 기쁜 마음으로 살아가게 된다.
두려워하는 나와 평화롭게 즐기는 내가 속살 작업으로 합쳐지고 통합되었다.
벌겋고 폭풍우가 치는 거친 세상에서 몽이가 살아 나와 너무 다행이다.

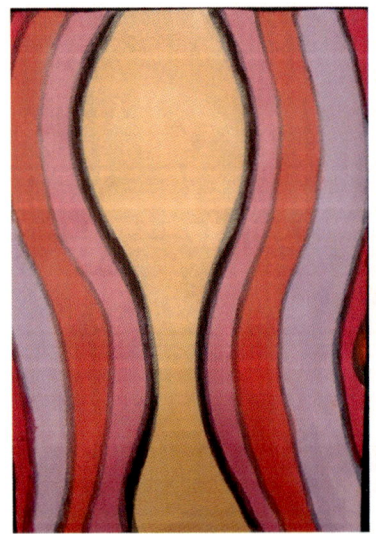 

| 모험이었지만 정확한 길 |

MAGMASUP

지금 채워 지금 이루고

'지금 채워 지금 이루고'는 오늘 하루가 가기 전에 완성하는 것이다.
그러면 내일이 빨리 살고 싶은 설렘과 긍정으로 기다려진다.
사랑하는 사람들을 기다리는 설렘이 있듯이 내일이라는 친구를 기대감으로 기다린다.
부담감으로 내일을 맞기보다 기다림으로 아침이 오기를 바라게 된다.
오늘을 이루고 완성하여 내일을 설렘으로 기다리는 그 마음이 창조이며
더 좋은 결과물을 낳게 된다.
지금 채워 지금 이룬다.
어떻게 해도 괜찮다.
어떻게 채워도 나의 꿈이다.

Chapter 3

MAGMASUP

지금 길을 내 지금 달리고

삼각 확대가 본질이고 정확한 길이다. 나의 정신의 집이다.
정확한 길을 가는데 잡다하고 복잡한 길을 끼워버리면 낮은 단계로 갈 수 있다.
둘러 가지 말고 지금 길을 내 지금 달려야 한다.

원장님이 만다라는 긍정을 만들어놓은 것으로부터 핵을 움직이게 되므로
문제해결은 쉽다고 하였다.
현실을 바로 살아야 하기 때문에 길을 내라고 하였다.
살아온 내공이 있기 때문에 긍정으로 만들 수 있다고 하였다.

원장님의 마음껏 길을 열어보라는 말에 신이 났다.
예전부터 큰 만다라 작품을 만들고 싶었다.
종이를 6장 붙이고 먹물을 가득 칠하였다.
크기가 성에 차지 않아 두 장을 더 붙이니 만족스러웠다.
종이 양쪽에 길을 내서 가득 칠하고
중간에는 모든 색으로 나의 길을 쿵쿵거리면서 뛰어놓았다.
작업을 끝내고 먹을 말리고 있는데 원장님이 들어와 '와! 크게 열었네' 하였다.
그리고 하나하나 길을 내고 완성해주었다.

무의식은 즐기고 싶은 만큼 즐기면 된다.
마음껏 뛰고 뒹굴고 즐기고 무의식에 미치도록 놀고 무한대로 뻗어서 헤엄쳐 보았다.
틀과 한계가 있어 마음껏 즐기지 못했는데 무의식 공간에서 마음껏 해보았다.
어디를 뒹굴어도 안전하다.
안전한 상황에서 커지게 되어 아무리 멀리 가도 다시 돌아올 수 있다.
무의식 공간에서 원도 한도 없이 마음껏 즐겨보았다.

모험이었지만 정확한 길

달빛 아래 연금술사 | 49

Chapter 3

지금 길을 내, 지금 달리고.
길의 노선이 우주, 밤하늘의 별 같다.

3시 15분에 시작한 만다라가 6시 40분에 완성이 되었다.
마당을 벌겋게 달아오르게 만들어놓으니 몽이들이 뛰지 않을 수가 없다.
내가 노선을 만들어 감정 다스리는 일로 달린다.
내 땅을 아래위로 쿵쾅쿵쾅 밟고 다니고 내 마음대로 자유롭게 뛰어논다.
하늘이 무너질까 땅이 꺼질까 밟지 못하다가 내 땅에서 마음껏 뛰니 너무 신났다.
내 땅에서 마음껏 못 뛰고 남의 땅에 가서 뛰다 욕먹었나보다 라는 생각이 얼핏 들었다.
이제 내 땅을 쿵쾅쿵쾅 마음껏 밟고 뛰고 다른 땅에 가서는 수위 조절하자.

몽이들이 쿵쾅거리면서 뛴다.
마음껏 뛴다.
잘 뛴다.
우리 몽이들.
잘 뛰어 날아오르고 있다.
나의 몽이들! 나의 꿈들!

| 모험이었지만 정확한 길 |

| 달빛 아래 연금술사 | 51

1부
생(꿈)의 노래

Chapter IV
발버둥 쳤지만 성숙된 길

MAGMASUP

부딪치자 하나 되는 움직임

발버둥 쳤지만, 성숙의 길은 무의식의 바다이다.
무의식의 바다에서 마음껏 헤엄치고 놀면 된다.
하나 되는 움직임은 부딪혀서 넘어지는 것이 아니라 부딪히면서 탁 잡는 것이다.
다른 사람이 부딪히면서 공격하면 무의식 문을 열어서 통과되도록 하여 비껴져 버리게 한다,
공격받아서 아파하는 것이 아니라 화살이 쑥 나가도록 한다.
원장님이 무의식 문을 열면 열수록 든든해지며
죽을 때까지 자신을 써먹는 것이니 시간이 지날수록 더 좋다고 한다.
함께 만다라 작업하는 수녀님은 예수님이 죽고 부활하는 것이 자기 확신이며,
살아난다는 자기 확신이 있어야 죽을 수 있다고 하였다.
내 확신이 있으면 내 꿈을 펼치는 거다.

발버둥 쳤지만, 성숙 된 길.
발버둥 쳤지만, 탄력이 내 속에 있다.
탄력이 감지가 되지 않으면 어떻게 써야 할지 모르게 된다.
발버둥 친 것에 탄력이 올라와야 성숙 된 길을 가게 되는 것이다.
발버둥 칠 때마다 조각조각 부서지게 되면,
성숙 된 길이 되지 않고 파편화된 길이 되어 그 길을 갈 때마다 아프게 된다.
부딪혔을 때 감각을 열게 되면, 부딪혀서 내가 경험하게 되는 부분이 움직인다.
부딪히는 것을 열어버리면 움직이게 된다.
그래서 부딪히자마자 잡아야 한다.
발버둥 쳐서 탄력이 있었지만, 조각났기 때문에 아픔이 남은 것이었고,
이제는 무의식을 여니까 움직이게 되는 것이다.
정신적인 탄력이 올라와 안에서 정상적인 움직임이 일어나면 마음의 힘이 들어오게 된다.
우물을 막아도 그 안에서 살아갈 수 있는 능력이 생기는 것이 무의식 통합 에너지이다.

| 발버둥 쳤지만 성숙된 길 |

| 달빛 아래 연금술사 | 55

부딪히자마자 하나 되는 움직임은 파편화되지 않고 하나가 된다.
부딪히면서 가도 힘이 있기 때문에 제칠 것은 제치면서
또한 그릇이 크기 때문에 안고 갈 수 있다.
머리가 움직이면 몸은 저절로 따라오는 것이다.
부딪히자마자 알아버리는 움직임은 꼬리만 부딪혀도 몸이 알아버린다.
머리가 가자고 하는 대로 가는 것이 성숙 된 길이다.
부딪히는 것을 흡수하여 리더십을 발휘하여 갈 수 있도록 한다.
부딪히면서 흡수하여 역량이 자라게 되고 품이 넓어져 큰 시야로 볼 수 있다.

서울로 오는 기차에서 몸이 피곤해서 쉬려고 누웠다.
누워서 몸을 웅크리니까 느낌이 너무 좋았다.
나는 외부에 에너지를 쓰고 다른 사람에게 집중하느라 정작 나한테 집중을 못 해 왔었다.
내가 나의 몸을 웅크리고 있으니, 엄마의 자궁에 있는 신기한 느낌이 들었다.
외부에 에너지를 쓰지 말아야지 결심하는 것이 아니라
나에게 에너지를 모으고 집중하면 된다.
만다라 작업과 현실이 연결되었다.
부딪히는 게 아니라, 내가 안고 집중해서 가는 것이다.
파편화되면 가고 싶어도 힘이 없어 갈 수가 없는데
팔, 다리, 머리 떨어져도 다시 붙어 따라오고. 옆에서 붙여주기도 하고.
이제는 앞으로 짠하고 갈 수 있을 것 같다.

부딪히자 하나가 되어버리면 상처가 회복되고 빠르다.

| 발버둥 쳤지만 성숙된 길 |

MAGMASUP

용솟음치자 날아오름

머리에서 발 끝까지 다 가고 싶었지만, 머리만 있어 용솟음치다가 범벅이 되었다.
가쁜하게 몸 전체가 날아올라야 되는데. 머리만 올라가면 의미가 없다.
머리에서 발 끝까지 다 날아오르려고 하는데 한 번도 날아보질 않아서
어떻게 나는지 몰라 가만히 있었던 것이다.
용솟음치자 날아오름은 같이 섞여 하나가 되어 다시 날아올라야 한다.
용솟음치자 날아오르려면 머리를 위로 붙여야 된다.
머리랑 몸을 같이 하나로 만들어야 된다.

용솟음치면 날아오르고, 바람이 불면 바람에 몸을 맡기고 날갯짓을 한다.
가만히 있어도 바람 때문에 날게 된다.
애쓰고 살 필요가 없다.
애쓰면서 사는 것은 의식적인 것이다.
의식적인 것을 너무 고집하면 안 된다.
자기가 통합이 되어 있는 것을 꺼내고 열면 된다.
다른 사람에게 의식적으로 어떻게 해줘야겠다고 하지 않아도 된다.
마음가짐이 잘 되어 있고 여유가 있으면 상대를 편안하게 대하게 되고
상대의 흐름을 맞추어 줄 수 있다.
내가 중심을 세우게 되면 상대의 무의식 바람 부는 것이 느껴진다.

| 발버둥 쳤지만 성숙된 길 |

| 달빛 아래 연금술사 |

바람 불어 날갯짓

지켜주는 것이 만다라 공간이고 무의식 바람이므로
내 것을 의식적으로 고집하지 않고 무의식 바람에 맡겨 버린다.
바람 불면 날갯짓 하여 날아간다.
날아가다 보면 저절로 바람이 형성된다.

작품이 성모님 같다.
후광이 있는 신화적인 상이다.
치마 가리고 똥을 많이 싸서 똥 무더기에 쌓여 굳어져 있었는데
무의식 물이 들어가 저절로 허물어지고 있다.
이제 자유로워진다.

의식적으로 창조하려고 애를 쓰니 성과는 나지 않고 힘들기만 하였다.
자기를 찾고 창조적으로 사는 것이 아니라
의식적으로 일하고 성과를 이루려고 애쓰니 만족감이 없었다.
일할 때 정신적인 여유 공간이 있어야 하는데 마음만 바쁘고 조급했던 것 같다.
의식적으로 하고자 했던 것을 끊임없이 무의식에 담아 새로 나오는 길이 창조이다.
의식과 무의식의 통합이 열리는 것은 내 안에서 항상 새로운 문을 여는 것이다.
내 안의 새로운 문을 계속 열다 보면 내 안의 모든 기능을 여는 것이다.

| 발버둥 쳤지만 성숙된 길 |

| 달빛 아래 연금술사 | 61

파도칠 때 부서짐

파도칠 때 의식이 부서지고, 파도칠 때 모든 것이 확 깨진다.
파도칠 때 협소했던 모든 것을 내뿜는다.
바람 불면 날아가고 파도치면 의식이 깨져 새로운 것이 형성되어 새로운 길을 낸다.
파도칠 때 방귀 뀌고 가스 품어내고 다 해본다.
파도칠 때 날아오르면 새로운 자기가 창조된다.
몽이가 나왔다.
몽이가 저절로 탄생이 되었다.
신기하다. 품품품 물이 나온다.

몽이를 쭉쭉 뻗게 해야 하는데, 확신이 부족하고 불안해서 똥말똥말하게 만들었다.
여기 넘어오면 안 돼! 가로막는 줄이 나왔다.
위로 올라가지 못하도록 핍박받고 있었던 것이 그림으로 나왔다.
넘어오면 안 된다고 하니 지하에서 똥만 싸고 있었던 것이다.
위로 못 올라오니 활동하지 못하고 굳어지게 되었다.

| 발버둥 쳤지만 성숙된 길 |

2부
사(끝)의 축제

Chapter V
혼란 속의 고온유지

혼란 속의 고온 유지는 세상을 다니면서 온갖 의식의 감정과 사람을 다 만나더라도
내 안의 고온을 유지하는 것이다.
세상의 혼란 속에서도 에너지를 간직해 언제나 쓸 수 있도록 고온을 유지하는 것이다.
위기에 대처할 수 있는 고온 유지이다.
절정이 넘치는 황금물결!
고온을 유지해야만 삶에 만족하고 절정의 황금물결을 이룰 수 있다.

혼란하다는 생각을 하니 세상 사는 것이 시장 바닥처럼 혼잡하기도 하고,
또 어떤 식이든지 사람은 부딪히기도 하면서 살고 있다는 생각이 들었다.
세상이 혼란하다면 내가 정신력을 고온으로 유지해야 한다.
고온을 유지하면 다른 사람이 혼란할 때 정신력을 나누어주기도 하고,
언제나 사용할 에너지를 비축해 놓는 것이나 마찬가지다.

고온 유지는 뜨거운 것으로 보이지만 화려하게 빛나는 것이 아니고
담담하게 유지하는 것이다.
상대가 아무리 깨지고 만신창이가 돼서 오더라도 그것을 지켜볼 수 있는 에너지이다.
살아가는 것도, 일할 때도, 혼란스러워도 내 것을 유지하면서 출렁이지 않고 중심을 잡고 단단하게 지키는 에너지이다.

| 혼란 속의 고온유지 |

MAGMASUP

절정이 넘치는 황금물결

내 머리에서 발 끝까지 모든 게 '나'이다.
내 몸 어디 하나라도 내가 아닌 것이 없다.
머리카락에도 에너지가 있고 그 머리카락도 나이다.
절정이라는 것은 내 안의 감정이 만족스러운 것이다.
만족스러워야 황금빛이 비치더라도 물결을 이루는 것이다.

나의 어떤 모습을 보기 싫어서 바위로 덮어놓으면,
황금물결이 왔다가도 비추질 못해서 빛이 떠나버린다.
그래서 황금물결은 내 몸 중의 어떠한 곳이라도 비춰야 하는 것이다.
전부 다 잔잔한 물결을 이루는 것이다.
햇빛이 바다에 똑같이 비치듯이 내 정신에도 같은 방식으로 빛이 비치는 것이 황금물결이다.
모든 것이 못나더라도 수려하게 빛이 비치도록 내놔야 한다.
자기가 자기한테 솔직하게 내놓는 것이기에 자기 자신을 존재하게 한다.
황금물결은 다 비춰야 한다.

| 혼란 속의 고은유지 |

| 달빛 아래 연금술사 |

Chapter 5

마그마 힐링은 마구마구 드러내는 것이다.
무의식의 모든 면을 마구마구 드러내야 힐링 된다.
잘하는 것만 드러내고, 잘못하는 것은 드러내지 않으려고 하니까
잘하는 것까지 드러내지 못하게 된다.

자기다운 자기의 모습을 열면 된다.
이것이 무의식이다.
나의 것을 드러내고 내가 바라보면 된다.
남에게 꼭 보여줄 필요가 없다.
내가 나의 잘하는 것, 부족한 것, 멋진 면, 못난 면 모든 면을 드러내고 봐주는 것이다.
햇볕이 모든 것을 비추듯이 내 안의 모든 것을 내가 비추는 것이다.
내가 비추는 것이 나의 가치이다.

| 혼란 속의 고온유지 |

절정에 머무는 황금빛

절정에는 의식에 머무는 것을 넘어서는 통합적인 고요함이 있다.
고요함에서 빛을 바라봤을 때, 의식의 색이 빠지게 된다.
빨갛고, 파랗고, 노란빛들이 다 지워지면서 고요한 빛만 있는 것이 절정에 머무는 황금빛이다. 명상할 때 온갖 생각이 들 수 있는데, 생각들이 사라지면서 편안함에 머무르는 것과 같다.
파랑과 녹색이 걷어지면서 나만 보이는 것이다.
내 안에 의식의 색깔이 건드려지지 않는 곳이니 거기에서는 모든 것이 치유된다.
무의식에서 평온함을 유지하다가 세상에 나와서 충분히 색깔을 내고 살다가
또 무의식의 평온함에 들어가서 빛으로 머물면 된다.
현실이 있어야 하니 황금빛이다.
어둠이 아니고 고요함의 빛이다.
색깔이 있으면 황금빛이 보이지 않는다.
M분석 1단계에서 감정을 정화하고
2단계에서 정신에 기름을 돌리고
3단계에서 통합하고 나니 심연으로 더 깊이 들어가게 된다.

가부장제에 억압받았던 내가 지금 황금빛을 만나 세상으로 나온다.
한라산의 꽃봉오리와 백두산의 꽃봉오리가 만나 화산 폭발하여 절정에 머물게 되었다.
이제 흔들리지 않고 절정에 머물면서 평온함을 유지하게 된다.

부엉이로 보이면 합일된 것으로 보인다.
자기 안의 통합적인 것은 천배이니까 부엉이라는 의식에 놓이지 않는다.
부엉이는 의식의 상징일 뿐이다.
진짜 물꼬 트는 것이다.

| 혼란 속의 고온유지 |

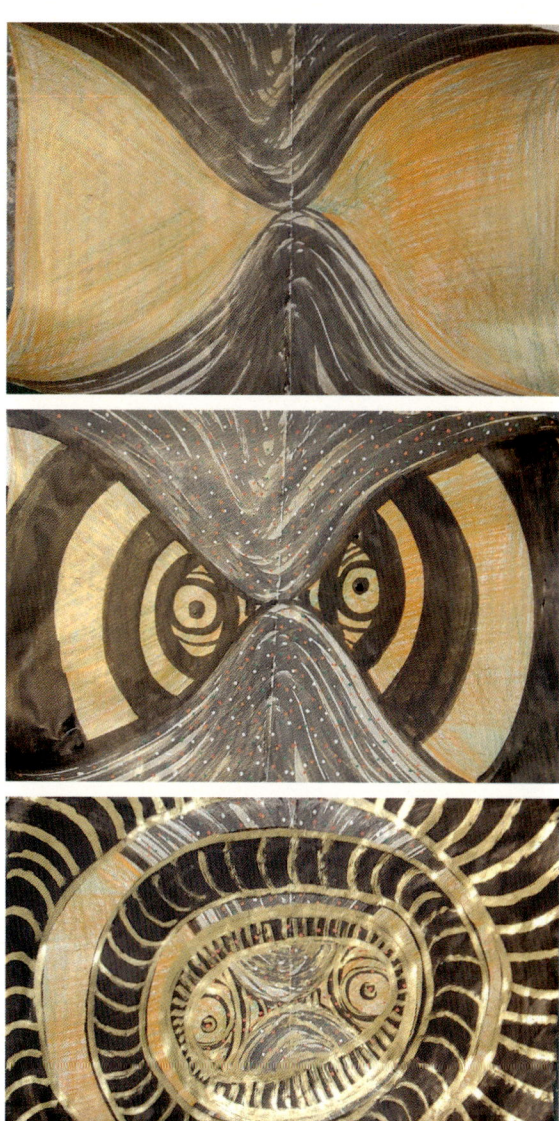

| 달빛 아래 연금술사 | 73

MAGMASUP

Chapter 5

절정에 오른 황금길

활활 타올라서 태우는 재미가 있다.
과거에는 어긋났는데 마주 보는 길이 트였다.
분홍 길, 연두 길, 주황 길 등등 다 트였다.

이제는 아침에 해가 뜨면 밤까지 가게 된다.
예전에는 아침에 해가 떠도 여섯 시까지밖에 안 따라가고 밤의 색은 또 달라져 버렸다. 밤의 시계도 똑같이 가야 되는데 밤에는 내가 없어져 버리고 밝았을 때만 해가 있었다. 이제는 무의식이 열려 낮의 해와 밤의 달빛이 통합되어 24시간 다 내가 있게 된다.

감정의 길이 생겼다.
밤에 보라가 있으면 낮에도 보라가 있다.
밤에 연두가 있으면 낮에도 연두가 있다.
낮과 밤이 연결되었다.
현실에 나침반을 두고 올라가면 연결이 되어서
길을 찾기 위해 여기저기로 뛰지 않는다.
절정에 오르는 황금 길을 넣는다,

내가 있는 곳에 무의식의 길이 있고, 무의식 길에 빛이 비친다.
내가 끝까지 걸어가려고 하면 힘들게 된다.
빛이 따라다니고 있으니 빛이 비쳐 저절로 가게 되는 것이다,
삶이 애쓰지 않고도 저절로 이루어진다.

| 혼란 속의 고온유지 |

| 달빛 아래 연금술사 | 75

MAGMASUP

Chapter 5

절정을 잡는 황금 손

절정을 잡는 황금 손.
내 손으로 내가 잡아야 한다.
손으로 우리가 할 수 있는 게 많고 많은데 내 손에 잡히지 않으면 허무하게 된다.
내 손에 잡혀야 황금손이 되는 것이다.
황금 손은 빛의 손이어서 모든 것을 잡을 수 있다.
황금 손이 되면 터치하는 것마다 빛이 쫙 쫙 들어가게 된다.
황금빛 손을 열어 다른 사람들의 부정을 치워주고
다치지 않도록 손을 잡아주고 도와준다.

절정을 잡는 황금 손을 만들었다.

황금 나무가 자라면 빛이 나가게 된다.
절정을 잡는 황금 손.
손으로 황금색을 문질러 황금 작품을 만들었다.

| 혼란 속의 고온유지 |

| 달빛 아래 연금술사 | 77

2부
사(끝)의 축제

Chapter VI
달빛 아래 황금 나무

황금빛과 황금 싹

달빛 아래 황금 나무
달빛이 왔으니까 가는 거다.
절정을 잡는 황금 손에서 달빛 아래의 황금 나무가 나왔다.
달빛 아래 황금 나무!
달빛 아래 황금 손!
손이 나온다.
황금빛과 황금 싹이다.
황금빛과 황금 싹.
빛 받으면서 싹이 난다.
빛을 받으면서 빛이 자라는 것이다.
위에 달빛 비치고 있다.
싹이 빨리 돋아야 한다.

| 달빛 아래 황금 나무 |

황무지에 황금가지

황금 싹 황금가지이다.
목만 있던 몽이들이 몸을 다 찾았다.
황금가지는 받침 지지대이다.
손이 이렇게 있으면 가지가 되어 버티어주고 밑받침이 된다.

뒤통수에서 몽이가 내려온다.
애기 몽이가 기어 내려오는 거다.
뇌 안에 황 색깔의 무지가 있다.
무지 덩어리를 돌려 앞모습을 보기 위해 황금가지를 뽑아야 한다.
황금가지로 자기 삶에 들어가면 저절로 축제가 된다.

내일 열 장을 오늘 열었다.
하루를 미루는 것이 아니라 장을 열어가니 뒷 이마에서 몽이가 내려왔다.
순리에 맡겨야겠다.

| 달빛 아래 황금 나무 |

| 달빛 아래 연금술사 | 83

MAGMASUP

Chapter 6

황금비와 황금빛 바람

이것 자체로 이대로 좋다.
위험하지 않기 때문에 펼쳐진 잔디밭까지 시원해서 좋다.
이런 것만 많아도 자기를 챙길 수 있다.
뒤에서 몽이가 나온 것이 대단한 작업이다.
뒤통수가 막혀서 들리지 않는 것이 있었다.
작년에 고속도로 진입로에서 8.5톤 트럭이 뒤에서 내 차를 박은 교통사고가 때문에
운전에 대한 두려움이 컸었다.
만다라 작업을 하면서 뒤에서 차를 박힌 것에 대한 충격이 나왔고
뒤통수에서 몽이가 나오게 되었다.
너무 다행이다.

| 달빛 아래 황금 나무 |

| 달빛 아래 연금술사 | 85

Chapter 6

원 만다라는 전체를 보는 것이다.
정신에 빛을 들어가게 한다.
달빛 아래 황금 나무에서 웅크리고 있던 곳에 빛이 들어간다.
통하지 않았던 무지에서 가지가 뻗어나갔다.
밑에 바람이 부는 것이다.
바람이 더 불어야 한다.
황금비가 적셔지지 않고 비 한 방울 들어가지 않은 곳에 비가 들어가는 것이다.
비이지만 빛인 것이다.
비와 바람이 불어 뒤통수 맞을지,
운전할 때 뒤에서 차가 와서 박을지 걱정할 필요가 없다.
바쁘게 살기 때문에 뒤돌아볼 필요가 없다.
내가 만족하면 된다.
가볍게 갈 수 있다.

원장님이 황금비를 보았냐고 물었고
농사를 짓는 수녀님이 가뭄에 비가 내리면 황금비라고 하였다.

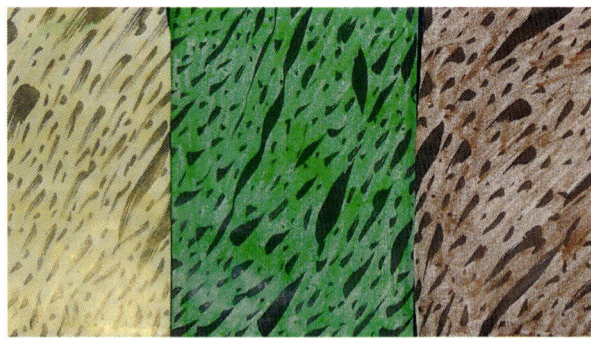

달빛 아래 황금 나무

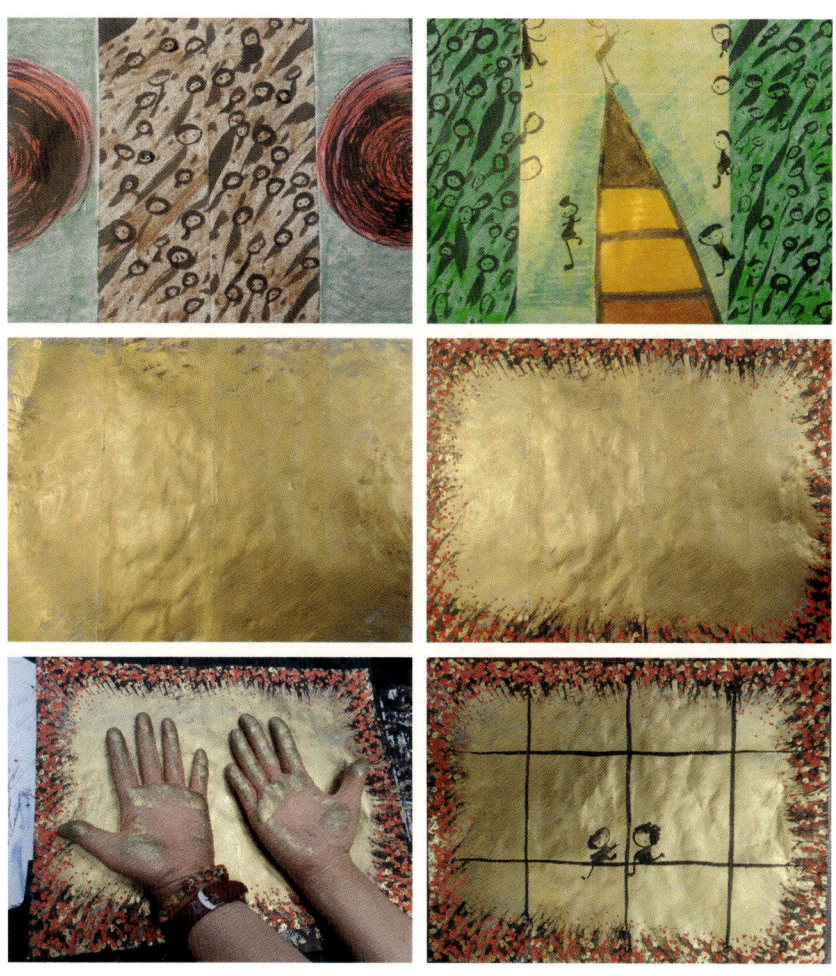

황금빛 태양과 황금 달빛

황금빛 태양과 황금 달빛은 의식의 빛과 무의식의 빛이다.
황금빛이고 통합의 빛이다.
의식의 태양과 무의식의 달.
황금빛 태양. 황금 달빛. 태양 속의 달빛.
황금비가 오고, 황금 바람이 불고, 황금빛 태양이 뜨고 지면, 황금 달빛이 뜬다.
황금빛 태양과 황금 달빛이 진정한 만다라의 빛이다.
태양이랑 달빛이 같이 돌면 여기서 뜨는 만큼 띄우는 것이다.
띄우기도 하고, 물을 만나면 비추기도 한다.

해가 뜨면서 비치고 달이 뜨고 무의식이 순환된다.
그래서 비추지 않는 곳이 없다.
다 비춰야 된다.
어떤 경우에도 괜찮다.
넘나들면서 모두 비추면서 들어가는 것이 세상이다.

| 달빛 아래 황금 나무 |

Chapter 6

달이 뜨면서 해가 지고, 해가 뜨면서 달이 지는 것이 의식과 무의식의 순환이다.
태양 뜨면서 세상 비추는 얘기를 한다.
태양이 내려가면 달이 뜬다.
밤 풍경이다.
태양과 달이 세상을 비추려고 뜬다.
세상을 위에서 비추기 때문에 다 볼 수 있다.
해와 달이 공중에서 움직인다.
태양과 달이 비추는 것을 보고 있으면 된다.
해가 지면서 달이 지는 것을 보고,
달이 뜨면서 해가 지는 것을 보는 것이 24시간 연속성이다.
내가 낮에도 있고 밤에도 있는데, 낮과 밤 한 곳에서만 있다고 생각하는 것이 단절이다.
순환하는 생명력이기 때문에 뜨면서 비추고 비추면서 뜬다.
이것으로 세상을 비추고 담을 수 있다.
해만 보거나 달만 보지 않고 세상 비추는 것까지 모두 보는 것이 통합 만다라이다.

해도 달도 통합적으로 다 비춰야 하는데 밝음만 비추고
어두운 면은 나오지 못하도록 돌덩어리를 눌러놓아 어둠 속에 있었다.
어둠이 빛을 보기 위해 안간힘을 쓰는데
어둠이 나오면 안 되니 더 숨어있으라고 꽁꽁 싸맸다.
어둠이 반역을 일으켰다.
밝음과 어둠이 싸우느라 전쟁이었다.
이제 전쟁 끝이다.
드디어 평화의 세상이 도래되었다.

Chapter 6

만다라는 자기 안에서 해 뜨는 것을 감동하면서 보는 것이다.
감동적으로 살았던 것을 정신적으로 보게 하는 것이다.
사는데 감동해야 된다.
감동이 진정 만다라이다.
삶에 감동해야 되는데 갈등하고 싸우면 인생에 감동이 사라진다.
만다라 작업에서 칠하고 느낌을 물어보는 것은 감동을 위해서이다.
인생에서 가장 값진 것은 감동이고 또한 만다라는 감동하는 것이다.
눈 뜨면 감동하고, 움직이면 감동하고, 감동을 일으키는 것이다.
만다라에서 감동하면 살아가면서 감동이 일어난다.
만다라 작업을 하면서 감동을 느끼면 감동스러운 삶으로 연결된다.

태양이 위에서 비친다.
태양이 무의식 길이 있는 곳에 먼저 비추고 골고루 다 비춘다,
이곳에도 비추고 저곳에도 비추고 세상에 어느 것에서도 다 비춘다.
태양은 음지도 비추고, 양지도 비추고, 목장도 비추고,
바다도 비추고, 산도 들도 다 비춘다.
원형으로 구슬을 비출 수도 있고, 바위를 비출 수도 있고,
풀을 비출 수도 있고, 어떤 형태로도 다 비출 수 있다.
얼마나 가치 있는 태양인가.
다리 밑도 구석구석 다 비추고 나무 사이도 비추고 장독대도 비춘다.
어떤 형태로도 비추게 된다.

| 달빛 아래 황금 나무 |

빛은 비치는 각도에 따라 다르다.
달리 보이고 상징이 보이고 이치가 맞추어져 간다.
원하는 대로 고스란히 솟구쳐서 일어나 이루어지는 것이다.
꿈이 이루어지고 완성이 된다.
하는 만큼 통찰되고 통찰 한 만큼 온전해진다.
세월이 지나고 살아가면서 되는 통찰이 있다.

이렇게 밑그림 그린 것은 태양을 띄우기 위한 기초적인 자리를 까는 것이다.
태양이 비추기 시작하면 온 천하를 다 비춘다.
태양 자체가 어디든지 안 비추는 곳이 없는 것이다.
태양이 뜨기 전과 뜨고 난 후는 다르다.
살아가는 하루하루 태양이 뜨면 움직이기 때문에 그 빛이 수려하게 비친다.
특히 자기가 모르는 곳에 더 비친다.
만다라 워크북 안에서 그 사람이 반응을 하고 비춰서 분석을 알려주는 것이다.
워크북 안에서는 그 사람의 길을 비출 수 있다.
워크북 색칠하기 싫고 그림자를 보는 것을 어렵다고 하면
'세상을 어려워하는구나. 많이 힘들어하는구나.'를 알 수 있다.
태양이 비추면 보이지 않는 무의식을 잘 볼 수 있다.
무의식을 통찰하면 다른 사람들이 풀어놓은 무의식을 더 잘 비춰서 볼 수 있다.
그것이 만다라이다.

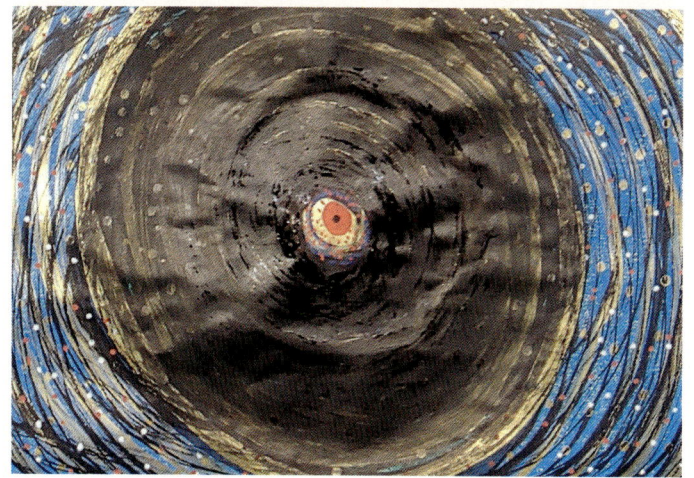

2부
사(끝)의 축제

Chapter Ⅶ
거칠지만 아름다운 소통

MAGMASUP

Chapter 7

파도칠 때 무의식이 부서지고

아름다운 소통이 되려면 거친 성질이 확 나와야 한다.
파도칠 때 팍 부서져야 한다.
파도칠 때 의식이 부서져야 더 큰 의식이 서게 된다.
부서질 만하니까 부서지는 거다.
파도칠 때 무의식이 박차 오르고 더 펼쳐진다.
확 부시고 내리친다.
파도칠 때 부서지고 못난 것을 다 내보낸다.
파도칠 때 부서지고. 파도칠 때 방구 뀐다.
아랫배 힘줘서 뱃고동 소리 팡~

집을 건축하는데 소나무 기둥을 세우려면
잘 말리고 톱, 망치, 끌질을 해서 세운다.
막 밴 생나무로 기둥을 세우면 갈라지거나 오래가지 못한다.
소나무 기둥은 여러 다듬질을 거쳐야 비로소 제 역할을 하고 오래 간다.
성장이 되기 위해 이런 맛 저런 맛을 골고루 넣어야 자기 기둥이 튼튼해진다.
불 지르고 부수고 파도 크게 치면 대가 튼튼해진다.
자기 집이 튼튼해지면 태풍에도 쓰러지지 않는다.

| 거칠지만 아름다운 소통 |

Chapter 7

태풍이 지나가는데 고요하다.
무슨 일이 일어나도 고요한 마음으로 '파도가 잘 치고 있네' 지켜보게 된다.
파도치고 나면 청소가 된다.

세상에는 나와 똑같은 사람이 없다.
모두 다른 생각을 가지고 있으며 다르다.
나와 똑같은 사람만 있으면 개성이 없어서 살 재미가 없다.
세상에 나는 나 한 명밖에 없다.
같은 길을 가더라도 똑같은 길이 아니고 각자의 길이다.
세상은 혼자이다.
나는 나 하나여야 된다.

초가삼간 태우고 부서진 것이다.
눈앞 이마에 거추장스럽던 것이 있으면 불편해진다.
그것이 작품으로 나왔다.
앞에서 알짱거리면 싫은 것이 있다.
파도칠 때 부서지는 것 해결하자.
파도칠 때 부서지는 것 완성하면 된다.

| 거칠지만 아름다운 소통 |

| 달빛 아래 연금술사 |

Chapter 7

MAGMASUP

태풍 올 때 무의식이 박차고

태풍 올 때 확 쓸어내 버려야 한다.
태풍에 나의 상처, 고통, 억압된 감정들, 쓰레기 다 날려버린다.
사통팔달 뚫려 에너지가 바람이 쑥 불어 순환이 된다.
태풍이 오면 무엇을 하지 않아도 그대로 태풍에 움직이게 된다.

M분석 3단계 마치고 나서 어릴 적 억압된 경험이 올라와서
어깨가 아플 정도로 색칠했다.
무의식에 올라온 것을 걷어내면 '더 편해지겠구나. 말끔히 청소가 되겠구나.' 생각이 들었다.
살면서 덕지덕지 붙은 것을 다 쓸어버리고 본성대로 살고 싶다.
굳어 있으면 먼지가 들어와도 가볍게 털지 못한다.
먼지가 들어오면 탁 털고 태풍이 들어오면 씻어내면 된다.

조각 하나하나가 완성되면 중심 잡고 힘으로 쓸 수 있으니 완성해나간다.
정신의 길, 정신의 지도 같은 지형이 잡히고 있다.
중심이 잡힌다.

| 거칠지만 아름다운 소통 |

MAGMASUP

번개 칠 때 무의식이 내리치고

똑같이 나란히 가는 것을 파격적으로 깬다.
반복적으로 가는 것은 답답하다.
그래서 그것을 탁 깨는 것이다.
하늘이 뚫릴 때는 뭔가 뒤틀리면서 탁 깨지는 것이다.

빛이 정확하게 잡혀야 된다.
라인이 접히고 결을 따라 움직여야 한다.
집에도 기둥이 받치고 있듯이 산도 지탱할 힘이 있어야 한다.
위에 터져 나가면서 라인에 산맥을 이루는 것 같다.
라인이 한 번 움푹 파여진 그 길이 계속 열리게 된다.
흥미롭고 신기하다.
파도, 태풍, 번개, 지진에 머리가 깨어지고 재통합되는 과정이다.
왕창 부서졌고 조각조각 마무리되어가고 있다.
움푹 파여 있는 것은 음이다.
거칠지만 아름다운 소통이 완성이 되어가고 있다.
남성성, 여성성 같다.
조각조각 흩어졌다가 모여져 치유가 된다.

만다라 한 장에 평생이 건드려졌다.
만다라는 삶의 축소판이고 평생이 들어가는 것이다.
그래서 몸이 와서 여기에 있는 것만으로도 작업이다.
무의식 물에 몸을 담근 것만으로 대작업이다.

| 거칠지만 아름다운 소통 |

MAGMASUP

지진 날 때 무의식이 뚫리고

한 보따리 깨져 쏟아져 나오고 정신의 지진이 일어났다.
찌찌찌찌 거리고 팍 번개 치고 터진 거다.
소켓에 불이 나간 것이다.
소켓 속의 것 하나하나 고치고 마무리하여야 불이 들어오게 된다.

파도칠 때 무의식이 부서져 한 보따리가 깨지고 쏟아져 내려왔다.
첫 작품에서 한 보따리가 깨져 쏟아져서 내려온 것이다.
정신의 지진. 폭격. 파여져서, 부서지고, 박차고, 내리치고 터졌다.
핵심에 지진 나고 터져 나왔다.
소켓 불이 나간 곳에 빛 조각을 모아 다시 빛을 내었다.
스트레스를 받으면 눈이 불편하다.
스트레스받으면 불처럼 들어왔다가 나갔다가 한다.
어제 같이 작업하던 선생님이 '진작 얘기하지'라고 했던 게 맞았다.
진작 이야기하고 요청하면 되는데 참다가 신경질이 나버렸다.
약한 전구에 고압 올리면 팍 터지는 걸 그동안 달고 살았다.
그래서 열 받으면 전구가 번쩍하고 나가나 보다.
이제는 전구가 터지지 않을 것 같다.
전구 나가고 터질 때마다 갈아 끼우려면 힘이 든다.
평생 사용할 전구 끼워 넣고 해결했다.
갈지 않아도 되는 터지지도 않고 영원히 불이 켜져 있는 전구를 끼워 넣었다.

파도치고, 태풍 지나가고, 번개 치고, 지진 나고 난 후 복구가 깨끗하게 되었다.

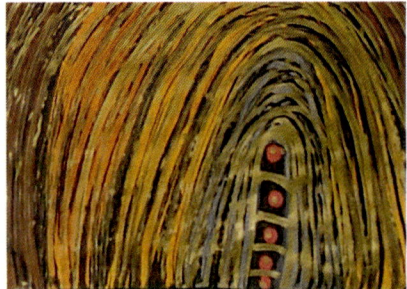 

| 거칠지만 아름다운 소통 |

| 달빛 아래 연금술사 | 107

2부
사(끝)의 축제

Chapter VIII
화창한 날 화려한 축제

세상 시름 다 끝나고

화창한 날 화려한 축제를 위해 꽃무늬 옷을 입었다.
원장님이 축제시켜준다며 이마에 몽이를 그려주었다.
이마에 그린 몽이가 너무 귀여워 온종일 이마에 몽이가 함께 있었다.

세상 시름 다 끝내고 평화로운 마음으로 산다.
무엇이든 저절로 이루어진다.
불편하면 불편한 것을 다스리고 마음을 평화롭게 해야 한다.
평화로운 것에 초점을 맞추어야 한다.

4회 개인전 전시회를 했다.
세상 시름을 다 끝내고 나를 빛나게 했던 화려한 축제였다.
매일이 축제이다.
다시 사는 나날이자 두 번 없는 이 시간이다.
마지막 기차에 모든 것을 다 싣고 미련 없이 떠난다.
미련 없이 떠나 지금으로 간다.

화창한 날, 화려한 축제에 골이 빛나는 여자로 변신을 했다.

머리로 올라가서 행동으로 내려오는 길이다.
길이 나는 것이다.
길이 이래도 좋고 저래도 좋다.

신중하게 생각해야 하는 것은 짧게 생각하고
짧게 생각해야 하는 것을 오래 잡고 있었던 것 같다.
생각의 방법을 거꾸로 많이 했다는 것은 그만큼 시달렸다는 것이다.
신중하게 생각해야 되는 건 신중하고, 빨리 생각해서 결정해야 하는 것은 털어버려야 한다.
스쳐 지나가야 할 것은 그냥 스쳐 지나가게 두자.

화창한 날 화려한 축제

달빛 아래 연금술사 111

Chapter 8

MAGMASUP

다시 사는 나날

세상 시름 다 끝내진다.
시름이 창조로 변한다.

더 넓게 전경과 배경을 통합적으로 본다.
해와 달, 하늘과 땅처럼 이제 진짜 통합적으로 보이겠다.
아, 이게 창조되는 거구나.

무의식에서 깊이 있게 부분과 전체를 통합하지 않으면 전체를 품을 수가 없다.
다른 사람을 바꾸려 하기보다,
그대로 있으면서 그 사람의 에너지에 맞게 키워주는 게 좋다.

다른 사람에게 이해받으려 하기보다는
'저 사람은 이걸 모를 수밖에 없겠네'라고 먼저 이해하고
내가 있는 곳으로 와서 내 삶을 이해하라고 하는 것이 아니라
사람들이 있는 것으로 가서 소통해야겠다.
우리는 다르게 살아가고 있으니 서로의 삶을 모를 수밖에 없다.
이야기 나누고 함께 하는 것이 필요하다.

만다라 뇌수술이다.
뒤에서 빼내고 앞을 터주고 골을 움직인다.
골을 돌게 만들어 더 풍요롭게 한다.
덩어리가 전달되기 때문에 중심을 잡아주는 것이다.

| 화창한 날 화려한 축제 |

| 달빛 아래 연금술사 |

Chapter 8

정신없이 살았는데, 이제 진짜 정신 차리고 살아야겠다.
무엇이 중요한지 핵심을 파악하고, 가지는 쳐내고, 중심 잡고 살아야겠다.
나를 더 튼튼하게 하고 더 힘 있게 하는 작업이다.
순환되고. 정말 좋다.

세상과 골의 공존이다.
골 안에 들어갈 수 없는데 세상을 골 안에 넣은 것이다.
골을 움직이면 세상이 저절로 이루어지는 것이다.

나를 몰라주는 나의 부분일 수도 있고 다른 사람일 수도 있다.
집을 더 크게 만들었다.
상대와 내가 함께 공존하고 이해하면서 사는 집이다.
다른 생각을 하고 다른 가치관을 가진 사람들이 단절되는 것이 아니라
다르게 또 같이 한집에서 공존하며 사는 것이다.

너무 빡빡하게 찍지 말고 듬성듬성 별처럼 느끼면서
천천히 골 안에 들어가서 골이 느끼는 거다.
골이 긍정을 느끼는 거다.
천천히 골 안을 도는 것이다.

무엇을 중심으로 넣어야 하는지, 무엇이 중요한지 몰라 모두 꺼내놓았다.
골에 공간이 생겼다.
지진 나고 폭발했다.
전류가 흘러서 산맥을 넘어간다.

메이지 말고 미련 없이 날아가야 한다.
다른 사람들과 평화로 풀어나간다.

| 화창한 날 화려한 축제 |

| 달빛 아래 연금술사 |

두 번 없는 이 시간

두 번 없는 이 시간,
이 순간들이 다 금이다.
모든 것에 무의식이 없으면 안 된다.
무의식은 의식을 지키기 위해서 있는 것이기 때문에 자기가 다 알 수는 없다.
잠을 자보면 알고, 오만가지 꿈을 꾸는데 그게 자기 안에 없다고 할 수 없다.
알지 못하는 부분이 무의식이다.
완성이 돼버리는 것은 뭔지는 몰라도 안다.
그냥 눈에 들어오는 것이 의식이고, 눈에 들어오는데 뭔지는 다 모르겠지만 통합이다.
내가 다 알 수는 없다.
모르는 것을 인식하고 살면 된다.
알려고 공부하지만 다 알 수가 없다.
무의식이 있는 것을 알아야 한다.
무의식에 금을 넣어주는 것이 통합이다.
작업을 하면서 알아가는 것이 통찰 통합 과정이다.

뒤로 도니까 이쁘다.
입체감이 있다.
뒤통수 뚫리니까 뒤 꼭대기도 보인다.

| 화창한 날 화려한 축제 |

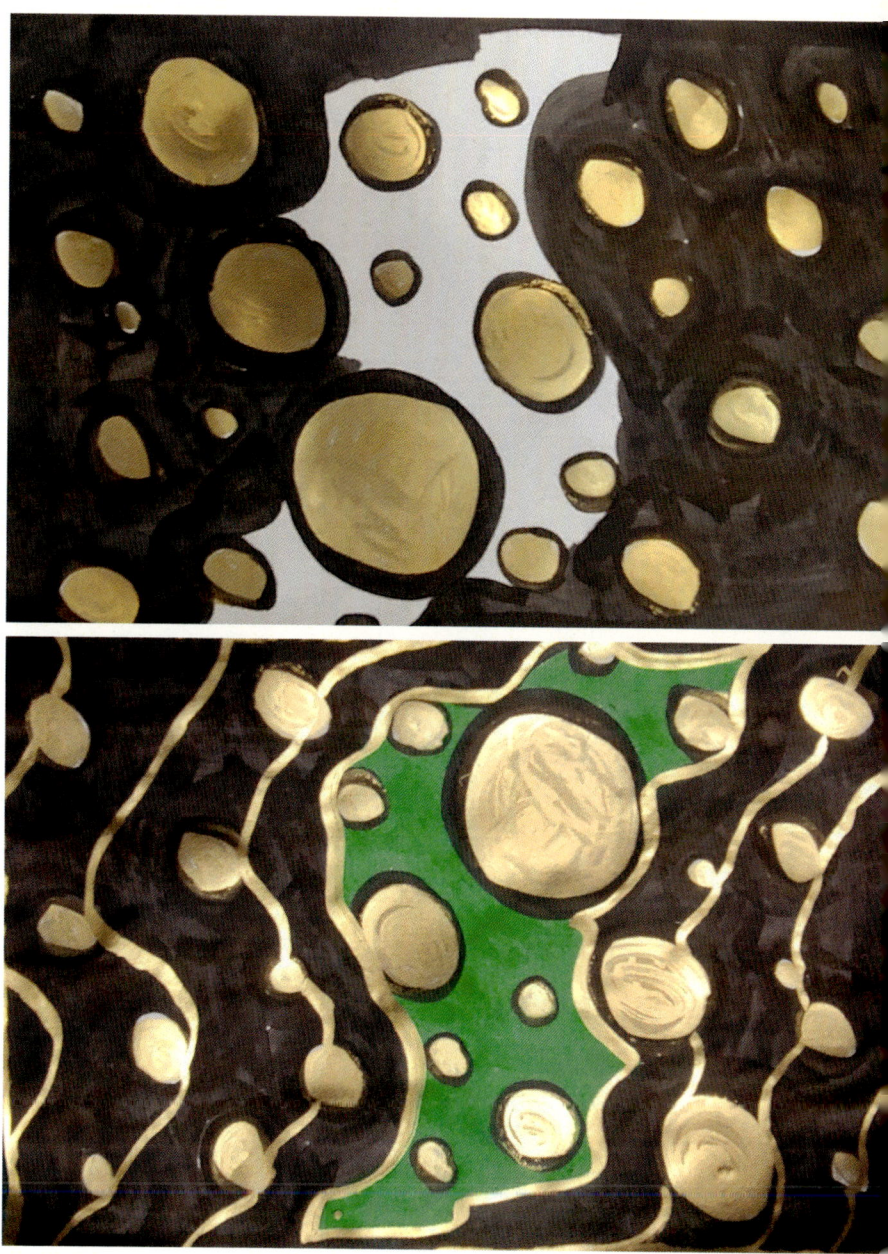

| 달빛 아래 연금술사 |

MAGMASUP

마지막 기차

신경질이 나서 눈이 튀어나온 몽이.
삐지는 몽이. 찔찔 짜는 몽이가 나왔다.
기차에 몽이들을 모두 태운다.

은하계에서 기차가 올 때까지 기다려왔다.
이때까지 나를 기다렸구나.
다 태우고 오느라 늦었구나.
마지막 기차 타고 은하계로 떠났다.
지금 은하계를 돌고 있다.

은하계가 울고 있었다.
기다려도 기차가 오지 않으니 기차는 오기를 목 빠지게 기다렸겠다.

마지막 기차
무한궤도 타고 이 은하계의 눈.
칙칙폭폭 에너지.
은하철도 999의 메테르와 철이.
칙칙폭폭 칙칙폭폭!
은하계에서는 오라고 했는데 기차에 몽이들을 다 태우고 가느라 시간이 오래 걸렸다.
은하계에서 마지막 기차가 올 때까지 기다려줘서
고맙고 반갑게 맞아주어서 기쁘다.

기차에 몽이를 다 태우고 은하계에 갔다가 다시 현실에 돌아왔다.
은하계까지 다녀왔는데 현실에서 못 할 것이 무엇이 있겠는가?
현실이 고달프고 힘들면 은하계에 여행 가서
은하계의 에너지를 받아오고 충전하면 된다.

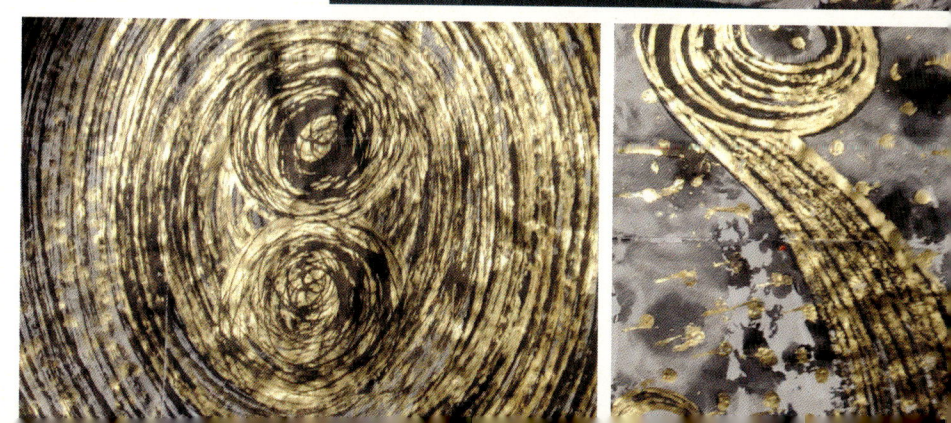

달빛 아래 연금술사

발행일	ǀ	2021년 12월 25일
발행인	ǀ	김영옥
지은이	ǀ	조윤숙
연구·기획	ǀ	(사) 만다라미술심리연구원
펴낸곳	ǀ	마그마숲
		서울본부 서울특별시 종로구 자하문로 236
		T. 02-379-1706, 02-391-1218 / F. 02-736-1706
		심리연구원) 서울특별시 종로구 창의문로 10길 11 1~3층
		마그마숲 책 창고) 포천시 가산면 가산로 194번길50
이메일	ǀ	magmasup@naver.com
홈페이지	ǀ	www.magmasup.com
ISBN	ǀ	979-11-6332-556-7
정가	ǀ	20,000원

※ 이 책의 저작권은 마그마숲에 있으며
무단 전재 또는 복제 행위 시 저작권법에 따라 처벌받게 됩니다